LAS REINAS DEL ROCK

M

El papel utilizado para la impresión de este libro ha sido fabricado a partir de madera procedente de bosques y plantaciones gestionados con los más altos estándares ambientales, garantizando una explotación de los recursos sostenible con el medio ambiente y beneficiosa para las personas.

Por este motivo, Greenpeace acredita que este libro cumple los requisitos ambientales y sociales necesarios para ser considerado un libro «amigo de los bosques». El proyecto «Libros amigos de los bosques» promueve la conservación y el uso sostenible de los bosques, en especial de los Bosques Primarios, los últimos bosques vírgenes del planeta.

Título original: *La maledizione della cornamusa*
Publicado por acuerdo con Edizioni Piemme, S.p.A.
Adaptación de la cubierta: Random House Mondadori / Judith Sendra

Primera edición: junio, 2012

Texto de Miriam Dubini
Proyecto editorial de Alice Fornasetti, Chiara Fiengo y Tommaso Vianello
Realización editorial de: Atlantyca Dreamfarm s.r.l.
Proyecto gráfico de Yuko Egusa
Ilustraciones de Nicoletta Persello y Roger Webber
Color de Christian Aliprandi
www.batpat.it *www.battelloavapore.it*

Printed in Spain – Impreso en España

ISBN: 978-84-8441-938-9
Depósito legal: B-16162-2012

Compuesto en M. I. maqueta, S. C. P.

Impreso en Egedsa
C/ Rois de Corella, 12-16, nave 1
08205 Sabadell

Ecuadernado en Reinbook

GT 19389

TRÍO BETA

LAS REINAS DEL ROCK

TEXTO DE ROBERTO PAVANELLO

montena

¡El Trío Beta

...y sus amigos!

Bianca

Es la más pequeña del Trío Beta. Como su hermano Bat Pat, escribe muy bien y su especialidad son las poesías… ¡pero las novelas de misterio tampoco se le dan nada mal!

Bea

Es una auténtica líder y su buena forma le permite llevar a cabo las empresas más difíciles. Solo tiene un punto débil: ¡su mata de pelo rojo siempre tiene que estar suave y esponjosa!

Becky

Se distingue por su belleza y elegancia y tiene muy buen ojo para los detalles. Su sueño es… lanzar la primera colección de moda para murciélagas.

Sam

Nadie lo sabe, pero es ella quien resuelve los casos más complicados y misteriosos que llegan a Neverflop. Su cuarto está lleno de libros, películas y pósters, todos sobre misterio. Resumiendo: ¡es una chica increíble!

Tommy

Es el mejor amigo de Sam y la acompaña en todas sus aventuras. Gracias a su ingenio, es capaz de usar cualquier cosa que encuentre para resolver una situación difícil.

Bob Sherlock

Es el padre de Sam y el investigador más despistado de todo Baskerville. Se inspira en los detectives más famosos para dirigir su agencia Neverflop, ¡pero nunca acierta!

¡Hola, amigos detectives!

¿Os gusta escuchar música? A mí mucho, aunque prefiero las canciones lentas y suaves porque me ayudan a concentrarme cuando tengo que escribir una historia nueva. En cambio a Bea le encanta el rock. Dice que le da la energía que necesita para sus entrenamientos de vuelo acrobático. Su grupo favorito son los Rolling Stoves… Y la verdad es que Becky y yo tenemos el sónar frito con el jaleo que montan esos cuatro músicos de tres al cuarto.

«¡No tenéis ni idea de música!», nos reprocha Bea.

Ya se sabe, compartir habitación con tus hermanas mayores no siempre es fácil... Y encima, desde que los Rolling Stoves han llegado a Baskerville, Bea ha perdido la chaveta. Está convencida de que en la casa donde vive el grupo hay un fantasma... ¡Por todos los mosquitos! ¿No os parece increíble? Ya tenemos otro misterioso caso para Sam Sherlock y las chicas del Trío Beta. No os vayáis, ¡vais a oír cosas alucinantes!

1

Rock and Roll a todo volumen

Como ya sabéis, mis hermanas Becky y Bea son unas dormilonas de campeonato. Normalmente yo soy la única que me levanto antes de la hora de merendar…, pero aquella mañana fue diferente. Poco después de que saliera el sol, el sonido de una lejana guitarra eléctrica se filtró en la habitación de Sam. Casi no se oía, pero Bea, que no se despierta ni con un terremoto, de pronto abrió unos ojos como platos y empezó a cantar:

—«¡Corre, corre hacia el soool!».

Le había oído cantar aquella canción un millón de veces. Era la que más le gustaba porque, como solía decir, el rock and roll era perfecto para dejarse llevar…, y cuando mi hermana se soltaba, no había quien la parara. Para mí solo era una tortura rompetímpanos, pero ella entraba en éxtasis cada vez que la oía y no podía tener quietas las alas ni un segundo.

—¡Eh, chicas, alguien está tocando la canción de Henry Bemolis! —anunció despierta como un grillo.

A la música se sumó una voz inconfundible, una mezcla de gallina y tractor. La misma que me había estropeado un montón de tardes.

—Pero si parece la voz de… ¡Henry Bemolis! —exclamó, emocionada—. ¡Tengo que ir a comprobarlo ahora mismo!

—¡Por mis medias de colores! ¿Qué pasa? —gruñó Becky, que con tanto jaleo se había despertado.

—Esto es rock and roll, chicas —se limitó a contestar Bea mientras salía por la ventana a una velocidad supersónica, directa hacia la música.

—Pero ¿qué le ha dado? —preguntó Becky.

Yo me encogí de alas, sin saber qué decir. Sin embargo, tanto entusiasmo había despertado en mí la curiosidad: olfateaba una nueva historia, así que cogí mi cuaderno de notas amarillo y la seguí como una bala.

—¿Adónde vais? ¡Esperadme! —gritó Becky echando a volar detrás de nosotras.

Poco después estábamos frente al grupo favorito de Bea. El sónar de mi hermana no se había equivocado… Era él. ¡El famoso Bemolis! Y mi olfato de escritora tampoco había fallado. La casa que Bemolis había alquilado era el lugar perfecto para una historia llena de misterios y sorpresas: un caserón de ladrillo rojo rodeado de un bosque de encinas centenarias. El inclinado tejado era de piedra oscura y brillante, y una alta chimenea blanca sobresalía entre los árboles como la torre de un castillo encantado. En Inglaterra lo llaman *cottage* y es el tipo de casita de campo en la que me gustaría vivir: pequeña, perdida en el bosque y silenciosa. Parecía salida de una fábula, pero allí en lugar de hadas y duendes había cuatro músicos desmelenados.

—Están todos… —suspiró mi hermana en el colmo de la felicidad.

—¿Y qué hacen en Baskerville? —preguntó Becky.

Escuchamos a escondidas la conversación del grupo y descubrimos que habían alquilado la casa para componer su nuevo álbum lejos del caos de la ciudad. La mesa estaba cubierta de partituras con la música que iban improvisando… ¡Mosquitos y mosquiteras, estaban componiendo canciones nuevas!

—Mira, ese es Frank Manduca —dijo Bea señalando a un chico regordete que estaba dándoles a unos cuantos tambores con sus enormes manos—. ¿Habéis visto qué ritmo? ¡Es buenísimo! Empezó a tocar la batería a los tres años, con cacerolas —siguió explicando.

—Pues antes de llegar a ser tan bueno seguro que vació unas cuantas cacerolas. ¡Mirad qué barrigón! —comentó Becky tapándose las orejas.

Bea no le hizo caso y siguió presentándonos a los componentes del grupo.

—Ese es Michael Escayola. Cuando toca el saxo se concentra tanto que se queda inmóvil como una estatua. ¡Es un fenómeno!

—Me parece que no se encuentra bien… ¿Respira de vez en cuando? —susurró Becky preocupada.

—Y esa es Jennifer Retales, la única chica del grupo —dijo Bea señalando a una mujer rubia y esbelta con un largo vestido hecho de telas de colores—. Tiene mucho talento. Toca el piano y muchos instrumentos más…

—¿Es que no lee revistas de moda? —la interrumpió Becky horrorizada —. ¡Parece un espantapájaros!

—¡No te atrevas a hablar así de Jenny! —protestó Bea.

—Yo no tengo la culpa de que se vista con las cortinas de la ducha —continuó nuestra experta en moda.

Justo cuando mis hermanas iban a empezar a dis-

cutir, Henry Bemolis entró en la habitación con una cesta llena de fruta fresca, flores perfumadas y galletas recién salidas del horno.

—Est... es... oh... es... yo... él... —balbuceó Bea emocionadísima. Nos miró sin conseguir pronunciar una palabra más y se desmayó entre nuestras alas.

—Ya os había dicho que esta música era insoportable —comentó Becky sacudiendo la cabeza.

2

Un admirador secreto

Sabía que venir a trabajar a una pequeña ciudad de campo era buena idea—dijo Henry dejando la cesta cargada de regalos en el centro de la mesa—. Mirad qué recibimiento.

Frank se lanzó sobre las galletas mientras Jenny cogía la nota que había entre las margaritas y leía:

—«Para el mejor grupo del mundo. ¡Bienvenidos a Baskerville! Firmado: un admirador secreto».

—¿Fieres defir que es el regalo de un fan? —balbuceó Frank con la boca llena de galletas.

—Sí —contestó Henry sonriendo satisfecho—. La gente del campo es muy hospitalaria…

—Ef fenial. Normalmente los fans fon tremendos. Fiden autógrafos, fieren hacer fotos, te hafen un montón de cumflidos y luego fe van… Es mucho mefor que te traigan gallefas, ¿no? Además, eftas son mis favoritas —dijo riendo Frank.

—¡Y las margaritas son mis flores preferidas! —exclamó Jenny hundiendo la nariz en el blanco ramo de flores.

Henry mordisqueaba una manzana con cara de no haber probado jamás algo tan bueno mientras Michael miraba con interés el objeto que había en el fondo de la cesta.

—*Viejas leyendas del condado de Baskerville* —dijo leyendo en voz alta el título con letras doradas de un libro antiguo.

Era un libro precioso sobre historias mágicas de nuestra ciudad. Me habría encantado echarle una ojeada, sobre todo porque de repente la impasible cara de Michael se había vuelto humana. El saxofonista se sentó enseguida en un sillón y empezó a leer.

—Caramba..., ¡este admirador secreto ha acertado de lleno nuestros gustos! —dijo Jenny, admirada—. Lo declaro el mejor fan de la historia de nuestros fans —sentenció radiante.

Al oír aquello, Bea se puso furiosa.

—¡No es justo! Yo quiero ser la mejor fan. Me sé de memoria todas sus canciones, he leído todas sus entrevistas y conozco a la perfección sus gustos —dijo enfadada.

—Calma, hermanita —intervino Becky—. Hoy estás muy nerviosa…

—No pienso calmarme —replicó Bea—. Al contrario, me voy a poner las pilas.

Dicho esto, estaba a punto de echar a volar hacia casa con la intención de preparar el regalo más bonito del mundo para su grupo preferido, cuando algo, o más bien dicho alguien, detuvo el despegue. Una mujer rechonchita y rubia se acercaba silbando por el caminito. Llevaba una escoba, una fregona y una bolsa con detergentes, trapos y plumeros que ondeaban alegremente al viento. Se acercó a la puerta y llamó tres veces. Jenny se asomó a la entrada.

—Buenos días, señorita. Me llamo Fluffy —se presentó la mujer con una vocecita aguda—. He venido a ayudaros con las tareas domésticas…, así podréis dedicaros a vuestra preciosa música.

—Buenos días, señorita Fluffy. Gracias, pero… —Jenny sonreía con cara de sorpresa.

—Nada de peros. Un gran admirador vuestro me ha pedido que cuide de la casa y no pienso fallarle —replicó la mujer.

La asistenta se dirigió al salón dispuesta a limpiar hasta la última mota de polvo con sus plumeros de colores.

—¿Qué os había dicho? —dijo Henry—. ¡Este sitio es perfecto!

—¡Por las moscas del vinagre! —se enfureció Bea—. Este admirador secreto me está sacando de quicio. Habrá que preparar una supersorpresa…

En ese momento, Henry se puso a cantar otra vez su fastidioso estribillo.

—«¡Corre, corre hacia el sol!»

—¡Pues claro! —dijo Bea con un brillo en los ojos—. A Henry le encantan las carreras y los deportes…, como a mí. Vamos a casa. Acabo de tener una idea fantástica.

3

Objeto sonoro no identificado

Esperamos a que Sam volviera de la escuela y le pedimos que nos ayudara con el extraño proyecto de mi hermana. Nuestra amiga la escuchó atentamente y después dijo:

—Se me ha ocurrido una idea, pero necesitamos la ayuda de Tommy.

Mis hermanas y yo nos metimos enseguida en la bandolera de Sam y fuimos a su casa. Yo estaba deseando ver al chico más encantador de Baskerville.

—Lo mejor sería un navegador personalizado —dijo

Tommy como si hablase de la cosa más sencilla del mundo.

Pero al mirarnos se dio cuenta de que no habíamos entendido nada.

—Cogemos un navegador, le colocamos unos auriculares y grabamos las rutas de los paseos más bonitos de la campiña inglesa. Por ejemplo, con la voz de una persona que cuente curiosidades y noticias históricas… —añadió.

—¡Genial, Tommy! —aplaudió Bea.

Fuimos a la tienda de electrónica a comprar todo lo que necesitábamos, lo montamos con la ayuda de nuestro amigo y preparamos el que podía ser el regalo perfecto para Henry Bemolis.

Bea escribió una nota con las instrucciones de uso y la firmó con su nombre y un gran corazón.

—Ahora veremos quién es el fan número uno.

Volvimos a la casita de campo con la idea de dejar el regalo en la puerta y escondernos detrás de las encinas para disfrutar de la escena. Pero al llegar a los escalones de la entrada vimos un objeto muy extraño: una especie de saco con cuadros rojos, verdes y azules, cinco flautas de madera incrustadas y un cordón con una gran borla en cada extremo. Nunca había visto nada igual.

—¿Qué es eso? —pregunté a mis hermanas.

Bea vio una nota encima del paquete y se enfadó.

—Otro regalo de ese bribón —gruñó—. Pero estoy segura de que esta vez…

Antes de que pudiera completar la frase, oímos unos pasos al otro lado de la puerta.

—¡Rápido! ¡Escondámonos! —dijo.

Henry apareció en la entrada y abrió mucho los ojos, maravillado.

—¡Una gaita! —exclamó cogiendo aquel saco tan raro. Apoyó la boca en una de las flautas de madera y emitió un sonido profundo y fortísimo. El sónar nos retumbó como un terremoto.

—¡Qué horror! —se quejó Becky.

—¡Qué maravilla! —se regocijó Henry. Cogió la nota que había junto a la gaita y leyó—: «Para el mejor músico del mundo, un instrumento tradicional antiguo. Firmado: un admirador secreto».

Sonrió feliz y después vio el regalo de Bea y el sobre. Lo miró perplejo.

—¿Qué es eso? —preguntó Frank asomándose a su espalda y observando nuestro navegador personalizado.

—Un regalo de otro admirador. Ahora tenemos dos… —dijo contento Bemolis.

—¿Han traído más galletas? —preguntó esperanzado el goloso batería.

—Algo mejor —replicó su amigo enseñándole la gaita—. Quiero utilizarla en nuestra próxima canción.

—¿Y esa cosa? —preguntó curioso Frank, señalando el regalo de Bea.

—Creo que es una especie de guía turística —dijo Bemolis leyendo la nota de Bea—. ¡Qué detalle! Pero hoy, nada de paseos… Tengo que sentarme un rato y concentrarme en la música.

—¡Muy bien! Mucho mejor sentarse que moverse, siempre lo digo —repuso Frank.

Los dos amigos entraron riendo en la casa. Bea estaba a punto de llorar.

—¡Mi regalo no le ha gustado! —dijo desesperada.

Pero sus lamentos quedaron ahogados por la voz de alguien que se quejaba aún más fuerte: Michael Escayola.

—¡De verdad, eres la persona más desordenada del mundo! —gritó el saxofonista.

—Te aseguro que las había dejado aquí, estoy convencida —gimió Jenny.

—Y entonces ¿por qué no están? —replicó Michael.

—No… no lo sé.

—¿Y ahora qué vamos a hacer? —dijo él con un bufido.

A juzgar por el tono de su voz, estaba pasando algo grave en la casa.

Salimos volando a echar un vistazo.

4

¿Dónde están las partituras?

El grupo de música se reunió en la sala, alrededor de la mesa cubierta de lápices y folios. Pocas horas antes Henry había estado sentado justo allí componiendo su nueva canción… Lo recordaba a la perfección. Después nosotras habíamos vuelto a casa de Sam a preparar el regalo. Y en ese tiempo las partituras de Henry habían desaparecido. Por eso estaban todos tan preocupados. Michael estaba seguro de que la culpa era de Jenny: había sido la última que las había tenido en la mano.

—Por favor, por una vez en la vida concéntrate. Intenta recordar dónde las has dejado —le suplicó Michael.

—¡Me acuerdo perfectamente! —aseguró la chica—. He escrito las primeras estrofas y después he metido las partituras en ese cajón.

Señaló un mueble bajo con cuatro cajones. Frank los abrió todos pero no encontró lo que buscaba.

—Jenny, cariño —sonrió el batería— nadie dice que las hayas perdido, pero ya hemos comprobado varias veces que eres…, cómo decirlo…, un poco despistada.

—¿Ah, sí? ¿Cuándo? —se enfadó ella.

—Cuando olvidaste todas las maletas en el tren a Pechino… —le recordó Michael.

—O cuando llegaste al aeropuerto sin el pasaporte… —siguió Frank.

Jenny se sonrojó, incómoda.

—Es verdad, a veces tengo la cabeza en las nubes, pero os juro que esta vez…

—¡He prestado atención! —canturrearon todos a coro.

La chica cruzó los brazos, enfurruñada.

—¡No es justo! ¡No os fiáis de mí!

Nadie le llevó la contraria, y ella se enfadó tanto que se puso roja como un tomate y casi rompió a llorar.

—¡Os metéis conmigo porque soy la única chica! ¡Nadie me entiende! ¡Ese es el problema!

—No, el problema es que hemos perdido un día entero de trabajo, Jenny —replicó Michael con dureza.

Henry levantó las manos para calmar los ánimos.

—Tranquilos, chicos. La cosa no es tan grave. He decidido añadir un nuevo instrumento en la canción, de modo que habríamos tenido que empezar otra vez desde el principio —dijo.

—¿De verdad? —preguntó ella algo aliviada—. ¿Qué instrumento?

El cantante enseñó la gaita.

—¿A que es bonita?

—¡Preciosa! —contestó Jenny contenta. Los demás también la encontraron interesante y pronto olvidaron su pequeña discusión y empezaron a hablar de música.

Yo lancé un suspiro de alivio. No me gusta que la gente se pelee. Bea estaba de acuerdo. Nos contó que la última vez que Henry había discutido con un miembro de la banda, había disuelto el grupo y se había pasado un año sin escribir una sola canción. Después llegó Michael, sustituyó al antiguo saxofonista, que había sido el motivo de la disputa, y los Rolling Stoves habían vuelto a actuar.

—No puede volver a pasar. No podría soportarlo —dijo Bea desanimada.

Por suerte, parecía que los chicos habían recuperado el buen humor y ahora estaban intentando tocar aquel extraño instrumento, pero los únicos sonidos que salían parecían los alaridos desesperados de un asno lloroso.

—Yo me rindo. Prefiero mi saxo —dijo Michael.

—Yo también paso —convino Frank—. No me gusta tocar de pie, cansa demasiado. Prefiero sentarme detrás de mi batería, bien cómodo.

Pero Henry no tenía ninguna intención de tirar la toalla.

—Estoy decidido: aprenderé a tocar la gaita. Ahora solo necesito un profesor…

—¿Habéis oído? —dijo Bea entusiasmada—. Tenemos que buscar ahora mismo un profesor de gaita para Henry. Le diremos que lo envía su admiradora secreta más ferviente. Y ya veremos si sigue pensando que ese tontorrón de las galletas es su fan número uno —concluyó de lo más contenta.

La verdad es que a mí todo esto me parecía un poco exagerado, pero para mi hermana era muy importante y no podíamos dejarla en la estacada. Así que volvimos a casa… ¡dispuestas a rastrear internet para encontrar el mejor profesor de gaita de toda Inglaterra!

5

Clase de música con imprevistos

Ya está! El profesor Mac Piper —dijo Sam señalando la pantalla.

Habíamos acabado en la web de la academia de música de Baskerville y la foto de un hombre con unos grandes bigotes rojizos y ojos azules nos sonreía con una gaita en la falda.

—Aquí dice que es un experto en todos los instrumentos de viento, ha ganado muchos premios, ha participado en importantes conciertos y hace siete años que da clases en la academia... ¡Justo lo que buscaba! —exclamó Bea.

—Hablaré con él —propuso Sam— y le preguntaré si puede ir a la casa de campo y…

De repente nuestros sónares captaron la melodía de una gaita. No eran los rebuznos que habíamos oído cuando Henry intentaba tocar, sino una música dulce y clara como el canto de un ruiseñor.

—¡No puede ser! —dijo Bea intuyendo lo que ocurría—. ¡No puede estar pasando otra vez!

Aquellas notas tan perfectas no podían ser obra de Henry, ni de Jenny, ni de ningún miembro de los Rolling Stoves. Había alguien más en la casa de campo, alguien que sabía tocar… de maravilla. Salimos disparadas a echar un vistazo y nuestros peores temores se confirmaron. Henry, Jenny y Frank estaban sentados en el jardín escuchando con atención a un hombre bajo y pelirrojo que les estaba explicando cómo se toca la gaita. Henry parecía hallarse en el séptimo cielo y no paraba de dar las gracias al profesor Mac Piper por sus consejos.

—No me lo tiene que agradecer a mí —lo corrigió él—, ¡sino a su admirador secreto!

Bea se puso roja de rabia.

—¡Sabía que también estaba detrás de esto!

Nunca la había visto tan enfadada. Quería hablar con el músico y obligarle a confesar la identidad secreta de su rival fuera como fuese. Y de no ser por Michael, lo habría hecho.

—¡Socorro! —chilló desesperado desde la casa.

Todos corrieron en su ayuda. Cuando entraron en el salón, se lo encontraron inundado. El agua salía

de la puerta del lavabo y estaba cayendo como una cascada por las escaleras. Michael se asomó alarmado.

—¡Se ha roto una tubería! —gritó.

Por alguna razón, todos se volvieron hacia Frank.

—¿Por qué me miráis así? Yo no he hecho nada —dijo él.

—¿Y por qué están abolladas todas las tuberías? —preguntó furioso Michael.

—¡Y yo qué sé! —estalló Frank.

—Ya, claro, lo mismo que pasó en Buenos Aires —lo acusó Jenny.

—Chicos, aquello fue una chiquillada…, y de eso hace ocho años —se justificó Frank.

—¡Pero las cosas no han cambiado mucho! —berreó Michael empapado.

Ya estaban discutiendo otra vez.

—¿De qué hablan? —preguntó Becky.

—Creo que se refieren a lo que pasó en el concierto de Argentina —explicó Bea como una auténtica experta—. Antes del concierto, Frank usó de batería las tuberías de su camerino. En la entrevista dijo que

sonaban muy bien y que le recordaban las cacerolas que tocaba de pequeño. El caso es que se dejó llevar por la emoción y… rompió una tubería e inundó el teatro. Tuvieron que cancelar el concierto.

—Ya basta, chicos —los cortó Henry—. Tenemos que escribir un álbum entero y aún no hemos conseguido terminar ni una canción.

—Henry tiene razón —asintió Jenny—. Voy a llamar al fontanero y después nos pondremos a trabajar.

—Gracias, Jenny. ¿Y vosotros dos? —preguntó Henry.

Michael y Frank soltaron un bufido y se lanzaron un par de miradas fulminantes, pero al final cogieron trapos y empezaron a secar el agua mientras Mac Piper tocaba aquel horrible rompetímpanos…

6

La leyenda de la última gaita

Después de practicar siete horas con la gaita, Henry parecía muy cansado. No paraba de bostezar y tenía los ojos abiertos de milagro.

—Me voy a dormir, estoy hecho polvo —anunció a sus amigos, sentados alrededor de la mesa.

—¿No vas a comer nada? —preguntó asombrado Frank. Para él era impensable irse a la cama sin haber cenado.

—Me muero de sueño… —replicó Henry con un bostezo.

—Pues toquemos una nana —propuso Jenny tendiéndole la guitarra.

—Esta noche no —dijo él con una sonrisa—. Me voy a la cama… buenas noches, amigos. —Se despidió restregándose los ojos y desapareció por la puerta que llevaba a la escalera.

El resto del grupo se miró extrañado.

—Aquí pasa algo raro… —dijo Jenny preocupada—. Hace diez años que lo conozco y nunca se había ido a dormir sin tocar una nana.

Los demás asintieron mientras escuchaban en silencio los pasos de Henry en el piso de arriba. Después un chirrido siniestro recorrió el techo y, de repente, la gran lámpara de cristal que colgaba en el centro del salón se desenganchó y se estrelló ruidosamente contra el suelo; la preciosa guitarra de Bemolis quedó destrozada.

—¡Aaah! —chilló aterrorizada Jenny, esquivando la lámpara por los pelos.

—¿Estáis bien? —preguntó Henry, que había regresado a la carrera.

—Yo sí, pero mira tu guitarra... —contestó la chica.

¡Por todos los moquitos! ¡Estaba completamente destrozada! Cuando Henry la vio, perdió la cabeza.

—¿Por qué la has dejado debajo de la lámpara? —le gritó.

—¿Y cómo iba a saber que se caería? —replicó ella.

Pero Henry no atendía a razones. Los demás también empezaban a estar muy asustados.

—Primero desaparecen las partituras, después revientan las tuberías del agua y ahora esto... ¿Qué está pasando? —preguntó Jenny.

Michael lanzó un profundo suspiro, como si estuviera a punto de decir algo muy desagradable y preocupante.

—Yo sé qué está pasando —dijo levantándose de

la mesa. Abrió un cajón y cogió el precioso libro que le había regalado el admirador secreto: *Viejas leyendas del condado de Baskerville*—. Está todo aquí —anunció el saxofonista.

Ya lo sé, cuesta creerlo. A mí también me sorprendió mucho lo que dijo Michael. Pero parecía tan convencido que lo mínimo que podíamos hacer era es-

cucharlo. Así que nos instalamos en la ventana de la sala y le oímos leer:

—«Érase una vez, en una casita perdida en un bosque de encinas, un artesano muy hábil construyendo gaitas. Sus instrumentos eran los mejores del reino, y todos los músicos del mundo viajaban por mar y por tierra para visitar su taller. El artesano siempre decía: "La última gaita que construya será mi obra maestra". Un triste día, un malvado mago decidió que quería ser el propietario de la última gaita. Fue a la casita del bosque, encargó el instrumento musical y, en cuanto estuvo listo, lanzó una maldición al pobre artesano. A partir de aquel momento, todas las gaitas que construyera traerían la desgracia y la tristeza a su propietario. El buen hombre no creyó la maldición y construyó otra gaita. Pero el malvado hechizo se hizo realidad y, desde entonces, quien entra en contacto con la última gaita sufre mil desgracias, se queda sin fuerzas y acaba perdiendo la inspiración».

¡Por los tentáculos del pulpo! Sentí que un escalofrío me recorría la espalda. Y no fui la única. Jenny abrió unos ojos como platos y preguntó, temblorosa:

—¿Quieres decir que le han regalado la gaita de la maldición?

—Yo solo sé que desde que ha entrado por esa puerta, solo hemos tenido problemas. Y ahora parece que Henry ha perdido la inspiración.

Frank no dijo nada, pero a juzgar por el número de bocadillos que se metió en la boca de una sola vez, debía de estar muy asustado.

—Aquí está pasando algo muy misterioso —murmuró Bea.

—La historia de la maldición me parece una tontería incluso para unos tipos tan chalados como los Rolling Sponges —dijo Becky.

—Se llaman Rolling Stoves, y tenemos que hacer algo para que estos imprevistos no echen a perder su nuevo álbum —dijo Bea con firmeza.

—Pero ¿qué? —pregunté yo.

Bea alzó el vuelo e hizo un gesto para que la siguiéramos.

—No lo sé, pero sí sé a quién preguntárselo.

7

¡Aaah, un fantasma!

Sam nos escuchó atentamente, sentada en su rincón de pensar. Mi amiga siempre estaba dispuesta a resolver cualquier misterio que se presentara. Cuando Bea acabó, se quedó un momento en silencio. No era de las que creían en maldiciones, así que el reto era aún más interesante.

—¡Acepto el encargo! —exclamó por fin—. Pero lo primero que debo hacer es ver la gaita. La investigación tiene que empezar por ese objeto.

—¡Exacto! —dijo Becky—. El único problema es

que antes tendremos que encontrar una excusa para presentarnos en la casita de campo… y después otra para convencer a Henry de que nos enseñe la gaita culpable, y otra más para distraerlo y tener tiempo de examinarla en busca de pistas…

—Podríamos hacerlo de otra manera —dije yo.

—¿Qué quieres decir? —preguntó Becky.

Les expliqué que podríamos ir a la casita por la noche, coger la gaita y llevarla a la habitación de Sam, donde tendríamos tiempo de examinarle hasta la última flauta, y después la llevaríamos de vuelta a la casa antes de que saliera el sol. ¡Nadie se daría cuenta de nada!

—¡Genial! —asintió Sam.

Decidimos salir aquella misma noche en misión supersecreta.

La noche era oscura, sin luna ni estrellas. Ideal para un vuelo invisible. Volamos a toda velocidad entre las nubes bajas y llegamos a la casita del bosque.

Todas las ventanas estaban cerradas y la única entrada era la alta chimenea blanca.

Descendimos en silencio por aquel estrecho tubo y aparecimos en el salón, inmerso en las tinieblas.

—¡No se ve nada! —se lamentó Becky enseguida—. ¡Enciende la luz!

Bea puso los ojos en blanco.

—No podemos encender la luz, nos arriesgaríamos a que se despertaran. ¿Lo pillas?

Justo cuando Becky iba a replicar, se encendió una linterna en la oscuridad. Una figura vestida de negro cruzó de puntillas el salón con la luz apuntando hacia la gaita. ¡Por los tentáculos del pulpo! ¿Quién era ese hombre? ¿Y por qué estaba allí? Vimos que se agachaba y metía las manos en los bolsillos de los pantalones. Llevaba guantes ne-

gros. Después sacó algo, una botellita, y la destapó. Cuando estaba a punto de verter el contenido en una bola de algodón, se encendió una luz en el piso de arriba.

—¿Hay alguien ahí abajo? —preguntó la voz de Jenny.

¡Vaya! Aquel ladrón patoso iba a estropearnos el plan. El hombre, cogido por sorpresa, apagó la linterna y se puso en pie de un salto. La botella le resbaló de las manos y se estrelló contra el suelo. Un olor

intenso invadió el aire mientras oíamos los pasos de Jenny bajando las escaleras.

—¡Tenemos que irnos! —susurró Becky.

—Primero hay que coger la gaita —contestó Bea, tozuda.

Entretanto el misterioso visitante nocturno había limpiado el líquido del suelo y se estaba escabullendo por la puerta trasera.

—¡Síguelo, Bianca! —me ordenó—. Para salir, tiene que abrir la puerta. Procura que no se cierre y así nosotras también podremos escapar por ahí.

Obedecí como un rayo.

—¡Tú ven conmigo! —ordenó después a Becky—. ¡Rápido!

Mis hermanas volaron hasta la gaita, la agarraron por los lados y la levantaron batiendo las alas con todas sus fuerzas. Después fueron hacia la salida transportando en el aire aquel enorme instrumento. Pero cuando faltaban pocos metros, Jenny entró

en la sala y… ¿qué vio? ¡Una gaita flotando en las sombras!

—¡Aaah! —chilló aterrada.

Becky se asustó aún más que ella, perdió el equilibrio y apretó ligeramente la gaita. El aire entró en las cañas y las flautas emitieron un sonido lúgubre.

—¡Aaah! ¡Un fantasma! —gritó aterrorizada la pobre chica—. ¡Socorro! ¡Michael! ¡Frank! ¡Henry! ¡Socorro!

Las luces se encendieron una tras otra y los habitantes de la casa corrieron al piso de abajo… Por suerte, mis dos hermanas salieron pitando mucho más rápido.

8

Tufillo a misterio

Cuando llegamos a la habitación de Sam, nuestra amiga nos estaba esperando delante del ordenador. Por lo visto había estado buscando información sobre la gaita y la maldición, pero no había encontrado nada.

—¡Pues nosotras tenemos novedades! —anunció Becky.

Después le habló del hombre misterioso que se había colado en la casita de campo y del líquido que se derramó de la botella.

—¿Qué podría querer hacer con ese líquido…? —pensó en voz alta mi amiga.

—¡Olía fatal! A lo mejor es que tengo un olfato delicado, pero no consigo olvidarlo… ¡Era muy intenso! —dijo mi hermana.

Sam asintió y se inclinó sobre las flautas. No olían a nada… Después examinó con atención el saco, pero tampoco vio nada sospechoso. Entonces dijo:

—Tenemos que llevarle la gaita a Tommy. Él es muy bueno encontrando rastros ocultos.

Sí, es verdad, Tommy es un as en ese tipo de cosas… y monísimo. Me encanta ir a su casa. Y esta vez ni siquiera necesitaba una excusa.

—Nos quedaremos la gaita un día más. ¿Qué os parece? —preguntó Sam.

A mí me pareció buena idea, pero Bea refunfuñó con aire triste:

—Henry se deprimirá, acaba de empezar a aprender a tocarla…

Yo creía que estaba exagerando, pero lo que ocurrió a la mañana siguiente me hizo cambiar de opinión…

Como de costumbre, me había levantado pronto y había salido a dar un vuelecillo matutino. Pasé por delante del despacho de Bob Sherlock, el padre de Sam. Todavía estaba un poco dormida, pero oí que

el teléfono sonaba sin parar. Bob todavía no había llegado, así que lo esperé frente a la entrada, colgada de un canalillo. Estuve esperando una buena media hora y en todo ese tiempo el teléfono no dejó de sonar. Alguien necesitaba hablar urgentemente con el detective privado más despistado de la ciudad... ¿Adivináis quién? ¡Pues precisamente Henry Bemolis! Gracias a mi finísimo oído, oí su voz al otro lado del auricular.

—¡Buenos días! Por fin lo localizo. Llevo dos horas llamando —dijo molesto.

—Lo siento, acabo de lleg... —intentó contestar el pobre Bob, pero Henry lo interrumpió.

—Necesito que me ayude a buscar un objeto desaparecido. Tengo que encontrarlo lo antes posible. ¿Puede venir ahora mismo? —preguntó Henry.

—De acuerdo, pero cálmese —dijo Bob—. ¿De qué objeto se trata?

—¡De una gaita! —respondió Bemolis.

Bob se quedó en silencio unos instantes, con aire de sorpresa.

—¿Hola? —dijo Henry.

—¡Sí, claro! No se preocupe, ha llamado a la persona adecuada… Encontraremos ese animal con cuernos en un abrir y cerrar de ojos. ¡Enseguida estoy allí! —dijo el padre de Sam.

Colgó el teléfono, se metió en el coche y salió disparado hacia la casa de campo. Yo fui como una flecha a despertar a Sam y a mis hermanas.

—Chicas, Bob va de camino a la casa de campo. Tenemos que ir con él y buscar pistas —dije.

Bea no se lo hizo repetir dos veces. Sam también estuvo lista en un batir de alas.

—¡Por mis medias de colores! ¿Cuándo me dejaréis dormir un día entero? —protestó Becky.

—Esta mañana no puedes quedarte durmiendo —dijo Sam—. ¡Os necesitamos a ti a tu infalible olfato!

—¿Qué queréis de mi nariz? —preguntó mi hermana.

—Eres la única de nosotras que entiende de perfumes. Quiero averiguar qué es ese olor que notasteis ayer por la noche —contestó nuestra amiga.

Becky no pudo negarse y nos metimos todas en la bandolera mientras Sam llamaba a su padre al móvil y le pedía que la llevara con él a conocer a los famosos Rolling Stoves y… a echar un vistazo por allí.

9

Becky mete las narices...

Bien, señor Bemolis —dijo Bob cogiendo su bloc de notas—. ¿Dónde vio por última vez a ese animal con cuernos?

Henry lo miró con cara de no entender nada y bostezó por enésima vez.

—Disculpe, desde ayer me siento muy cansado... ¿De qué animal con cuernos habla? —preguntó.

—La gaita... ¿dónde la vio por última vez? —intervino Sam antes de que su padre volviera a meter la pata.

—Justo aquí, en el salón. —Henry señaló la esquina en la que en ese momento estaban sentados todos los componentes del grupo.

—¡Volaba sola! —susurró Jenny, que seguía asustada por lo que había visto la noche anterior.

Me asomé y eché un vistazo al cuaderno de notas de Bob. Pero en lugar de apuntar lo que le explicaban los testigos, estaba dibujando un animal con cuernos y alas revoloteando alegremente sobre una hoja. ¡No tenía remedio! Por suerte, Sam ya tenía un plan. Había llegado el momento de meter las narices (de Becky) en todas partes. Dejamos al despistado de Bob y nos escabullimos por la puerta que había utilizado el ladrón pocas horas antes.

—El hombre vestido de negro salió por aquí. ¿Y después? —Sam miró a su alrededor, pensando adónde podría haber ido—. ¡Allí! —dijo señalando una zona del seto más baja.

Al lado había tres cubos de basura. Las tapas estaban un poco desplazadas, como si alguien hubiera pasado junto a ellas.

—Seguramente se apoyó al saltar sobre el seto —dedujo Sam acercándose—. Y a lo mejor dejó alguna pista… perfumada.

—¿No esperarás que meta la nariz en la basura? —se indignó Becky.

—Me temo que no tenemos otra opción —le hizo notar Bea.

Después levantó una tapa y se inclinó sobre el cubo como hacen los camareros cuando sirven un plato exquisito. Por desgracia, salió un olor de lo más desagradable.

—Por favor, señorita —dijo Bea señalando el cubo.

—¡Tienes la gracia de un mosquito! —replicó Becky.

A pesar de sus quejas, tuvo que oler los tres cubos. Allí dentro había de todo, incluso un calcetín agujereado. Pero justo al lado de toda aquella basura sobresalía el cuello de una botella. Tenía manchas de una sustancia aceitosa y amarilla.

—¡Es esto! —lo reconoció Becky arrugando la nariz.

Sam cogió el cuello de botella y lo observó.

—Hemos tenido suerte. Pero ahora hay que averiguar qué es. Y para eso solo puede ayudarnos una persona.

—¡Tommy! —exclamé yo impaciente.

Cuando estábamos a punto de ir a su casa, vimos que alguien se acercaba a la entrada principal... falda escocesa y mata de pelo rojo. ¡El señor Mac

Piper! ¿Qué hacía allí? Le oímos llamar tres veces a la puerta. Después apareció Henry y lo recibió con un gran abrazo.

—¡Profesor! Le agradezco mucho que haya venido. Le presento al detective Sherlock. Creo que tiene que hacerle unas preguntas… —dijo.

Entraron los dos en la casa. Nosotras volvimos a colarnos por la parte trasera y llegamos a tiempo de oír el interrogatorio de Bob.

—¿Dónde estaba cuando desapareció la gaita? —preguntó el padre de Sam.

¡Mosquitos y mosquiteras! Por primera vez en su larga carrera de detective, Bob Sherlock había hecho una pregunta casi perfecta. Pero Henry lo interrumpió al instante.

—Señor Sherlock, estoy seguro de que el profesor no tiene nada que ver con el robo. Lo he llamado por si sabe quién podría estar interesado en una vieja gaita. Conoce a todos los músicos de Baskerville —explicó Henry.

—Es verdad —asintió Mac Piper—, pero ninguno de ellos es un ladrón.

—Y además, no puede haber sido él —intervino Michael—. Las cosas empezaron a desaparecer cuando encontramos la gaita en la puerta..., antes de que el profesor viniera a esta casa.

El maestro asintió.

—Los gaiteros conocemos bien la leyenda de la maldición. Yo nunca la habría creído, pero ahora empiezo a tener mis dudas...

Jenny tembló de miedo. Frank y Michael se miraron sin saber qué decir. Y Henry… dio un profundo bostezo.

—Ya lo ve. Cada vez está más cansado, como en la leyenda —dijo Jenny.

—¿Alguien puede describirme con detalle a ese fantasma? —preguntó Bob.

Nadie contestó… porque es imposible describir algo que no puede verse… ¡Estaba claro que Bob necesitaba nuestra ayuda para resolver el caso!

10

Potingues apestosos

Fuimos a casa de Tommy corriendo y volando y le enseñamos el cuello de botella que habíamos encontrado en la basura.

—Es una tintura madre —dijo.

Como nos explicó, la tintura madre es una sustancia compuesta por una planta medicinal y alcohol etílico.

—¡Por eso olía tan mal! —exclamó Becky.

—Se puede hacer con muchas plantas —prosiguió Tommy—. Y cada una da una propiedad diferente a la tintura: la de hinojo ayuda a digerir, la de escaramujo baja la fiebre, la de ginseng da energía cuando estás cansado.

—¿Y qué hierba contenía la botellita? —preguntó Sam.

—Manzanilla... He encontrado un poco en las flautas de la gaita —contestó Tommy.

Los ojos de mi amiga brillaron y supe qué pasaba: ¡acababa de tener una idea!

—Ese hombre no quería robar la gaita, quería untar las flautas con esa tintura para que quien las

tocara con los labios absorbiera la sustancia. La manzanilla tiene propiedades relajantes, la gente la bebe antes de irse a dormir para conciliar el sueño… ¡por eso Henry está siempre tan cansado! ¡No hay ninguna maldición! —explicó nuestra amiga.

—Eso significa que alguien está haciendo lo imposible para que la banda crea que está en peligro. Pero ¿por qué? —pregunté yo.

—Seguro que detrás de todo este asunto está el maldito admirador secreto —dijo Bea, que seguía enfadadísima por no haber conseguido ser la fan número uno—. Si no, ¿por qué querría mantener en secreto su identidad?

—¡Estás obsesionada, hermanita! —dijo Becky.

—Bea no se equivoca del todo —intervine yo—. De hecho, ha sido él quien le ha regalado la gaita a Henry… ¡y ese antiguo libro!

—¡Un momento! —exclamó Sam—. Me habéis dicho que en la cesta de regalos también había las flores preferidas de Jenny y las galletas favoritas de Frank… Me pregunto cómo podía conocer tan bien sus gustos…

—Esa sí que es una buena pregunta —admitió Bea.

—Bueno, chicas —exclamó Sam—. Necesito instalarme en mi rincón de pensar.

Poco después, Sam estaba sentada en su sillón rosa: el único sitio donde podía concentrarse cuando no veía las cosas claras. Nosotras nos colocamos a su lado, en silencio.

—Bea —dijo Sam de repente emergiendo de su torbellino de pensamientos—. ¿Por qué se separaron los Rolling Stoves? —preguntó.

—Antes de Michael estaba Paul Soplillo, un saxofonista muy bueno pero con un carácter muy explosivo. En cada concierto se ponía un disfraz diferente, una peluca enorme y gafas de todos los tipos y tamaños. Siempre quería salirse con la suya. Al final se peleó con todos y el grupo se separó.

—¿Y luego? ¿Qué hizo? —siguió preguntando Sam.

—Nadie lo sabe. Muchos periodistas intentaron seguirle la pista para hacerle una entrevista, pero no consiguieron encontrarlo…

Sam asintió como si aquello no le sorprendiera nada.

—¿Cuánto tiempo hace de eso? —preguntó.

Bea se quedó un momento en silencio intentando recordar y después dijo:

—Unos siete años.

Sam se puso en pie de un salto, encendió el ordenador y entró en la web de la academia de música. En la pantalla apareció la cara de Mac Piper, el maestro de gaita e instrumentos de viento… Trabajaba en la academia desde hacía… ¡siete años!

¿Os lo podéis creer? Por primera vez en su vida, Bob Sherlock había estado de lo más inspirado. Pero entonces, ¿cómo se explicaba lo que había ocurrido antes de que apareciera el maestro? ¿Y quién era el hombre vestido de negro?

11
Una idea fantasmagórica

Aquella tarde nos encerramos en la habitación de Sam. Mi amiga tenía un plan perfecto para desenmascarar al culpable y conseguir que su padre recuperase la gaita sin que nadie supiese que el Trío Beta estaba metido en el asunto…

—Tenemos que aprovechar la historia del fantasma —nos explicó Sam—. Y sé exactamente cómo hacerlo.

¿Os he dicho alguna vez que Sam me parece un genio? Sí, un millón de veces, ya lo sé. Pero esta vez se le ocurrió una idea verdaderamente fantasmagórica. Nos encomendó una tarea a cada uno: Tommy tenía que ocuparse de un par de inventos que iban a dejarnos boquiabiertas; Bea y Becky de las acrobacias aéreas, y yo… de escribir tres cartas escalofriantes: una para Bob Sherlock, otra para el maestro Mac Piper y otra para los Rolling Stoves.

Metí las cartas en un sobre de aspecto antiguo y se las di a Bea (el correo aéreo más rápido de la ciudad), para que las entregara por la noche. Tommy

y Sam revolvieron sus casas en busca de linternas, paquetes de harina y un ventilador a pilas. Todo estaba pensado para hacerse al aire libre, así que no habría corriente eléctrica (a mí ni se me había ocurrido, pero a Tommy sí. ¡No se le escapa nada!). Cuando reunimos todo lo que necesitábamos, hicimos el ensayo general más terrorífico que os podáis imaginar. Preparar aquel plan entre todos fue una de las cosas más bonitas que he hecho en mi vida.

A la mañana siguiente Bob Sherlock fue a recoger el correo, como todos los días. Pero cuando abrió el sobre amarillento que le habíamos dejado, puso una cara que nunca olvidaré. Yo me había escondido detrás de la puerta para disfrutar de la escena y vi cómo su expresión de asombro aumentaba a medida que iba leyendo mi carta. Después entró corriendo en casa, cogió el teléfono y marcó un número con manos temblorosas.

—¿Henry Bemolis? —preguntó por el auricular—. He recibido una carta firmada por el fantasma de Baskerville. Dice que, si queremos la gaita maldita, tenemos que reunirnos con él a medianoche bajo la encina más alta de vuestro jardín.

Henry contestó que estaba dispuesto a hacer lo que fuera con tal de recuperar el instrumento, así que quedaron poco antes de las doce de la noche en el lugar indicado por el fantasma. ¿Y la segunda carta?, os preguntaréis. Pues llegó puntualmente a la academia de música de Baskerville. Bea la había dejado en la portería, donde su legí-

timo destinatario no tardaría en recogerla… A partir de ese momento solo había que esperar…

A las once en punto, Bob Sherlock puso en marcha el coche. ¡Vía libre! Llamamos enseguida a Tommy. Nuestro amigo llegó a toda velocidad en bicicleta, con la gaita colgada al hombro. Sam se montó en la bici y salimos pitando hacia la casita de campo. Alrededor de la medianoche ya estaba todo preparado. Bob, Henry y sus compañeros llegaron por el bosque y se detuvieron frente al árbol más alto; no se dieron cuenta de que una sombra vestida de negro les seguía a escondidas.

—¡Está aquí! —dijo Bea, que vigilaba el bosque desde el aire.

—Ya podemos empezar —anunció Sam, escondida tras el gran tronco de la encina más alta del jardín.

Tommy, a su lado, asintió. Después vació los paquetes de harina mientras ella ponía en marcha el ventilador, encendía las linternas y movía los focos de luz entre las ramas. El resultado fue una especie de niebla diabólica y terrorífica. Ahora nos tocaba a nosotras. Nos colocamos a los dos lados de la gaita, sin que se nos viera, y la levantamos en el aire, entre la niebla de harina.

—¡Ahí está! ¡El fantasma de Baskerville! —exclamó Jenny temblando.

Bea sonrió. Todo estaba yendo de maravilla.

—¡Trío Beta al ataque! —susurró.

Volamos hacia el grupito de personas hasta que Bea dijo:

—¡Pellizco Volador!

Entonces apretamos la gaita y el instrumento emitió un lamento.

—¡Intenta decirnos algo! —exclamó Jenny.

—¡Caída en Picado! —ordenó Bea.

Descendimos a toda velocidad, en dirección al escondrijo del hombre vestido de negro, y lo sacamos de detrás del matorral.

—¡Socorro! ¡Sálvese quien pueda! —gritó el hombre, aterrorizado.

Pero ya era demasiado tarde. ¡Había caído en nuestra fantasmagórica trampa!

12

La canción de la amistad

Paul Soplillo! —lo reconocieron inmediatamente sus antiguos compañeros—. Pero… ¿qué estás haciendo aquí?

Bea no le dio tiempo ni a contestar.

—¡Preparadas, listas, yaaa! —ordenó mi hermana.

Apretamos la gaita con todas nuestras fuerzas y la última carta, que estaba enrollada en una de las flautas, salió disparada como una bala y fue a parar a las manos de Henry. Después dejamos caer la gaita en las de Bob y desaparecimos en la niebla con un último y terrorífico remolino de harina.

—En este sobre están todos nuestros nombres, incluido el tuyo, Paul —dijo Henry.

—El fantasma sabía que estabas aquí… —dijo asombrada Jenny.

—Me parece que las respuestas que buscáis están en esa carta —dijo con sabiduría Bob.

Henry lo abrió y leyó:

—«Queridos músicos, desde que despertasteis mi espíritu tocando la gaita, os he observado con mucha atención y he descubierto vuestros secretos. ¿Recordáis los viejos tiempos, cuando erais amigos? Ninguno de vosotros ocultaba nada. Pues bien, los verdaderos amigos no tienen secretos. Si no confesáis lo que habéis ocultado hasta ahora, haré caer sobre vosotros mi maldición sin piedad alguna. Firmado: El fantasma de Baskerville».

—¡Confieso! —berreó Frank al instante—. He

escondido unas madalenas debajo de la cama y no os he ofrecido ninguna. Por favor, fantasma, sálvame de la maldición.

—Confieso —siguió Paul—. He intentado que os pelearais entre vosotros para sabotear vuestro nuevo álbum porque estoy celoso de vuestro éxito. He fingido que era vuestro admirador secreto para fastidiaros el trabajo… y he entrado en la casa disfrazado de señorita Fluffy para provocar algunos problemillas…

—¡Es verdad! Te encantaba disfrazarte, incluso cuando tocabas en el grupo —recordó Frank.

—Has hecho que nos peleáramos a propósito —adivinó Jenny—. Sabías qué cosas nos molestaban y has creado problemas como los que tuvimos cuando dábamos conciertos por todo el mundo.

—¡Menudo bribón! —exclamó indignado Michael.

—Señor Soplillo —dijo Bob al instante—, ¡acompáñeme ahora mismo a la comisaría!

Paul bajó los ojos con aire culpable.

—Tenéis razón, me he portado muy mal. Pero desde que dejé el grupo no he vuelto a encontrar unos músicos mejores y unos amigos más fantásticos…, me sentía muy solo… y he cometido errores.

Por todos los moquitos, casi me pongo a llorar. Y no era la única a la que le habían conmovido sus palabras. Los componentes del grupo de música también parecían menos enfadados.

—Escuchad —dijo Henry—, puede que no haga falta denunciar a Paul. Hemos recuperado la gaita y el fantasma ha desaparecido.

—Estoy de acuerdo —dijo Jenny sonriendo con dulzura—. Y además acaba de contarnos su mayor secreto…, como hacen los verdaderos amigos —añadió.

—Venga, aquí tienes una madalena —lo perdonó Frank también.

Ellos rodearon al amigo al que habían recuperado y nosotras… corrimos a abrazar a Sam.

—¡Lo hemos conseguido! —exclamó Bea entusiasmada—. ¡Gracias, Sam! Pero ¿cómo descubriste que Paul, la señorita Fluffy y Mac Piper eran la misma persona?

—Fue gracias a Bianca. Sus notas son siempre muy detalladas. Y, como todo el mundo sabe, un auténti-

co detective resuelve los casos encontrando las pistas en los detalles —explicó Sam.

Yo había escrito en mi cuaderno que la señorita Fluffy y Mac Piper habían llamado tres veces a la puerta el día que habían entrado en nuestra historia. Y esta era solo una de las muchas pistas que Sam había encontrado.

—¡Felicidades! —dijo Bea contenta—. ¡Habéis salvado a mi grupo favorito!

En cambio los músicos estaban felicitando a Bob a su manera por haber resuelto el caso… En un abrir y cerrar de ojos improvisaron un concierto y tocaron una canción nueva inspirada… ¡en la carta que había escrito yo! Nosotros nos pusimos a bailar escondidos en el jardín ¡y Tommy incluso dio unas vueltas de vals conmigo!

Pero lo más increíble es que unos meses después aquella canción se convirtió en el gran éxito de la radio y todo el mundo cantaba por la calle:

¡Sin secretos, sin mentiras
solo amistad y sus melodías!

¿Y sabéis una cosa? Nadie ha descubierto que esos versos los escribí yo…, excepto vosotros, amigos y amigas del misterio. Porque nosotros no tenemos secretos, ¡como los amigos de verdad!

¡Un beso melodioso!

Trío Beta

BAT PAT

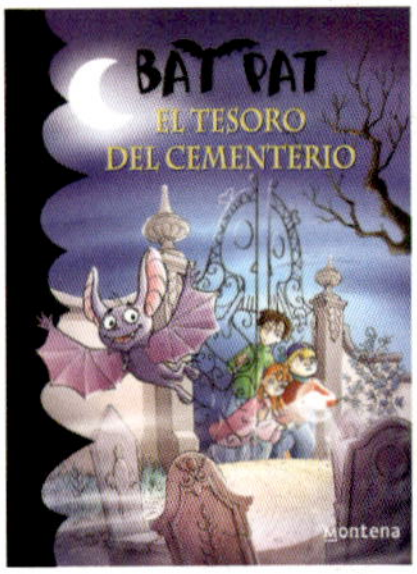

1. EL TESORO DEL CEMENTERIO

2. BRUJAS A MEDIANOCHE

3. LA ABUELA DE TUTANKAMÓN

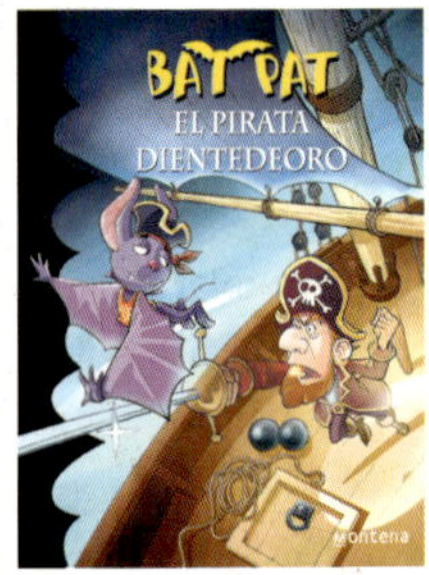

4. EL PIRATA DIENTEDEORO

5. EL MONSTRUO DE LAS CLOACAS

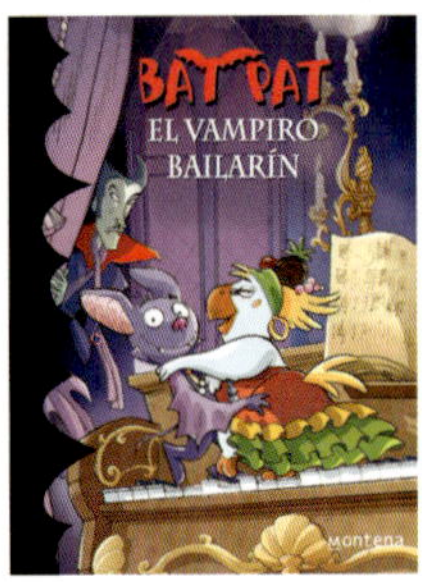

6. EL VAMPIRO BAILARÍN

7. EL MAMUT FRIOLERO

8. EL FANTASMA DEL DOCTOR TUFO

9. LOS TROLLS CABEZUDOS

10. UN HOMBRE LOBO CHIFLADO

11. LOS ZOMBIS ATLÉTICOS

12. LA ISLA DE LAS SIRENAS

13. LOS MONSTRUOS ACUÁTICOS

14. LA CASA EMBRUJADA

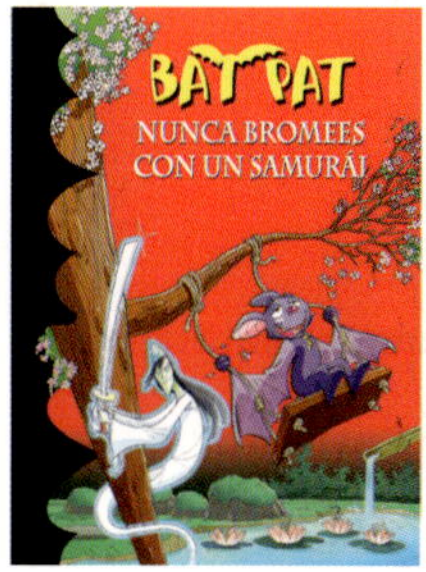

15. NUNCA BROMEES CON UN SAMURÁI

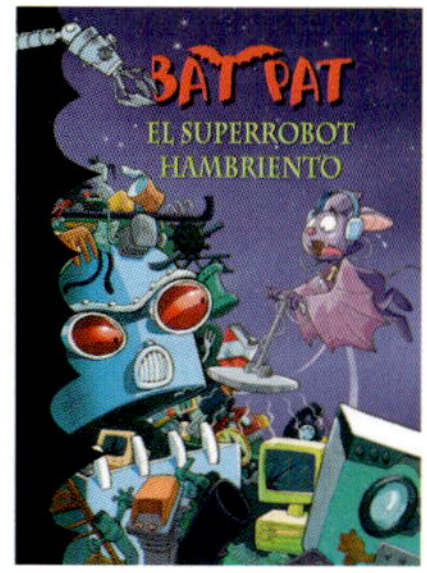

16. EL SUPERROBOT HAMBRIENTO

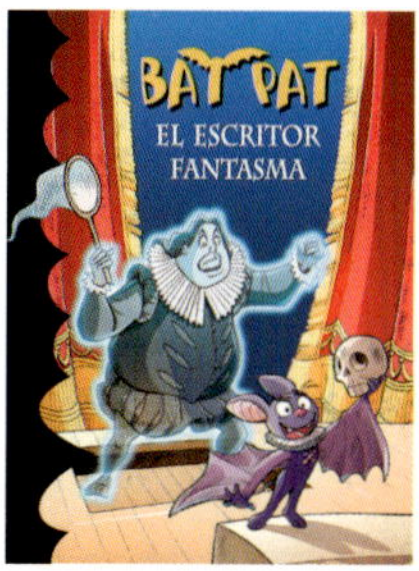

17. EL ESCRITOR FANTASMA

18. EL RETORNO DEL ESQUELETO

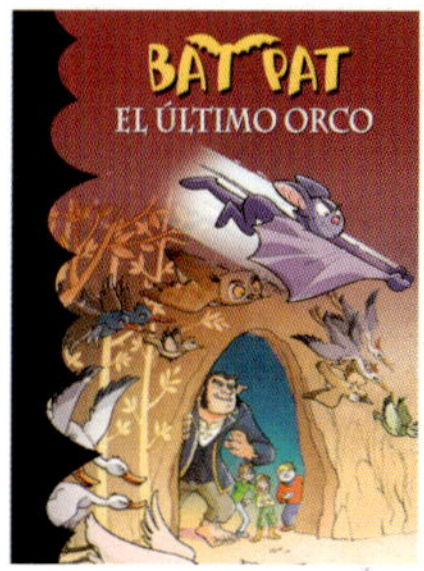

19. EL ÚLTIMO ORCO

20. EL ABOMINABLE PUERCO DE LAS NIEVES

21. EL ABRAZO DEL TENTÁCULO

EN BUSCA DE LA CIUDAD PERDIDA

LA NARIZ DE LA ESFINGE

Disponible en el App Store

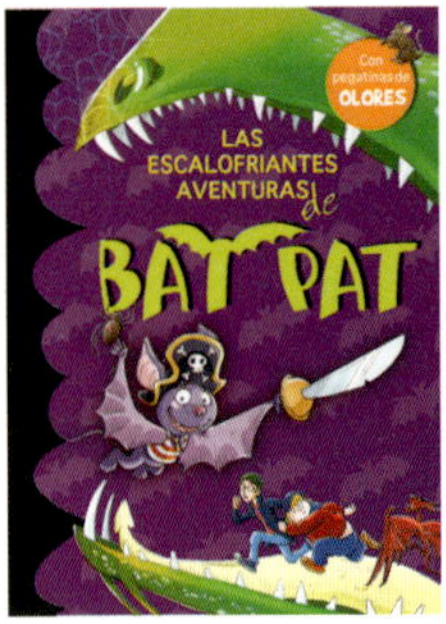

LAS ESCALOFRIANTES
AVENTURAS DE BAT PAT

EL PRISIONERO
DEL MONSTRUO

EL SECRETO DEL
ALQUIMISTA

EL MUSEO DE
LOS CONJUROS

REGRESO AL
JURÁSICO

1. CUATRO AMIGAS
PARA UN MISTERIO

2. EL GUARDIÁN
DEL FARO

3. ¡AMIGAS AL
RESCATE!

4. UN ROBO
DE CINE

5. LAS REINAS
DEL ROCK